MÉMOIRE

ADRESSÉ

A MM. LES DÉPUTÉS

DES DÉPARTEMENS.

MÉMOIRE

ADRESSÉ

A MM. LES DÉPUTÉS

DES DÉPARTEMENS,

PAR

QUELQUES DAMES FRANÇAISES.

IMPRIMERIE DE J. MORONVAL.

A PARIS,

CHEZ J. MORONVAL, IMPRIMEUR-LIBRAIRE,

rue des Prêtres S.-Severin, n°. 4; et quai des Augustins.

1815.

MÉMOIRE

ADRESSÉ

A MM. LES DÉPUTÉS DES DÉPARTEMENS,

PAR

QUELQUES DAMES FRANÇAISES.

———

MESSIEURS,

LORSQUE nous tournons vers vous nos yeux baignés des larmes que nous ne cessons de verser sur les malheurs de notre patrie, nous sentons l'espérance pénétrer dans nos cœurs.

Déjà le dévouement généreux qui vous fait abandonner vos familles et vos intérêts domestiques, pour voler à notre secours, excite notre reconnoissance. Malgré l'état malheureux de la France, malgré les écueils dont vous allez peut-être vous voir environnés, vous ne désespérez pas du salut de la patrie ! Elle parle : elle vous appelle : vous quittez tout, et vous accourez pour la servir.

Que sont devenus les jours de paix, de prospérité et de bonheur dont nous jouissions avant que les assemblées qui vous ont précédés, Messieurs, fussent venues bouleverser toute la France, nous tourmenter jusques dans nos retraites, et nous forcer de nous occuper des événemens politiques ! Nous ignorions alors que cette belle France, si industrieuse, si riche, si florissante existait, depuis quatorze siècles, sans avoir une constitution. Nous savons aujourd'hui que cet avantage lui manquait ; mais, nous ne craindrons pas de l'avouer, cette connaissance nous a coûté si cher, que nous voudrions ne l'avoir jamais acquise.

Ce fut pour donner à la France ce trésor politique, une constitution, que les états-généraux se déclarèrent assemblée nationale, assemblée constituante, assemblée législative, convention nationale ! Toutes ces assemblées ont possédé des orateurs, des écrivains, des savans, qui ont beaucoup parlé, beaucoup discuté, beaucoup écrit. A quoi ont abouti tant de discours et de travaux ? A détruire nos antiques et sages institutions ; à métamorphoser en étables, en magasins, en lieux de spectacle et de divertissement les temples où l'on célébrait autrefois les saints

mystères; et à jeter le royaume dans un état
de confusion dont l'histoire n'offre aucun autre
exemple !

Du milieu de ce désordre, le bonnet rouge
s'éleva triomphant; et des hommes, qui se di-
saient Français, osèrent poser ce signe de la révolte sur la tête sacrée que déjà, dans leurs cœurs,
ils avaient dévouée à la mort.

Ne croyez pas, Messieurs, qu'en rappelant un
si triste souvenir nous voulions ranimer des ani-
mosités : un soin bien différent nous occupe !
Mais dans les circonstances extrêmement cri-
tiques où se trouve la France, il n'y a point de
Français qui ne doive méditer sur le passé pour
en tirer des instructions, peser le présent pour
régler sa conduite, et songer à l'avenir afin de
préparer à ses descendans un bonheur dont, peut-
être, la génération présente n'aura pas le temps
de jouir.

Le Roi n'était plus ! Après avoir versé un sang
si précieux, si pur, si auguste, quel sang pouvait
être épargné ? Il coula à grands flots sur tous les
points de la France. La frénésie révolutionnaire,
dans son aveugle fureur, immola indistinctement
les hommes les plus purs, les plus corrompus,
les plus grands, les plus petits ; les plus illustres,
les plus obscurs, les plus justes ; les plus scélérats.
Tandis que la mitraille enlevait chaque jour aux
Lyonnais plusieurs centaines de leurs adolescens ;

la fille des Césars montoit, à Paris, sur un échafaud qui attendoit les Girondins, les Brissotins, et avec ceux-ci l'auteur du *Patriote Français*, cette feuille incendiaire qui avait contribué si puissamment à égarer les esprits.

Ce fut sans doute dans un moment où la convention, étonnée de sa propre férocité, eut horreur d'elle-même, qu'elle rendit ce fameux décret par lequel on déclara que le peuple français reconnoi·sait un Être-Suprême, et qu'il croyait à l'immortalité de l'ame. Ce décret nous surprit : ce n'est pas un hommage rendu à la Divinité, disions-nous, c'est une dérision impie, c'est un horrible blasphême ! Nous ne nous trompions pas ; trois jours après, Sainte-Elisabeth de France fut envoyée au martyre !

Un scandale d'un nouveau genre vint accroître notre affliction. Les Français célébrèrent une fête toute païenne, dans laquelle ils osèrent proférer le nom du Tout-Puissant ! Alors, nous nous écriâmes : Les malheureux ! un regard du Dieu qu'ils appellent va tomber sur eux ! Ce terrible regard pénétrera la profondeur de leur corruption, mesurera l'étendue de leurs forfaits, et les réduira en poussière ! En effet, soit que le Ciel s'indignât d'une telle profanation, ou que les révolutionnaires regardassent cette cérémonie comme une provocation au retour vers quelques idées religieuses, les prêtres de ce nouveau culte, Robespierre,

Henriot, etc. furent aussitôt abandonnés de leurs partisans, et plongés, par eux, dans l'abîme où ils avaient eux-mêmes précipité tant de Français.

La journée qui éclaira leur supplice fut considérée comme heureuse. Les instrumens de la mort cessèrent d'être en permanence sur nos places publiques. Les prisons s'ouvrirent et les Français fidèles en sortirent.

L'espérance est un sentiment qui se glisse, avec une étonnante facilité, dans les cœurs livrés au désespoir. Nous oubliâmes que les hommes du 9 thermidor avaient acquis, avant cette époque, une malheureuse célébrité, et nous ne vîmes plus en eux que des libérateurs. Nous présumions qu'une expérience, bien chèrement achetée, leur avait fait sentir la nécessité de revenir aux bases fondamentales de tout gouvernement solide ; et nous nous flattions de voir chaque jour le nôtre faire quelques pas vers le bon ordre.

Les événemens du 13 vendémiaire nous ont cruellement détrompées ! Le jeune Corse qui joua depuis un rôle si important, fit tomber de nouveau les Parisiens dans l'esclavage dont ils avaient espéré affranchir leur ville, ainsi que toute la France. Ce fut sur les corps palpitans des braves gardes nationaux, que Buonaparte posa la première marche du trône, où le découragement et la lassitude des Français, devait dans la suite lui permettre de monter.

La constitution de l'an 3 s'établit au milieu de la consternation que répandit dans toute la France le massacre des Parisiens. Le pouvoir commença alors à être divisé. Les cinq cents proposaient les lois ; les anciens les acceptaient, ou les rejetaient ; et le directoire les faisait exécuter.

Ce gouvernement débuta par une action qui nous parut d'un bon augure. L'illustre orpheline, après trois ans et quatre mois passés dans la plus horrible captivité, sortit du Temple, où elle s'était vu enlever successivement toutes les personnes de sa famille. Elle passa la frontière : nous cessâmes de trembler pour elle, et nous apprîmes avec une joie extrême qu'elle étoit arrivée à Vienne, et que l'empereur avoit confié aux jeunes archiduchesses ses filles, le soin d'essuyer les larmes de la petite-fille de Marie-Thérèse, de cette princesse qui devait un jour faire admirer aux Français un courage et des vertus dignes de cette grande souveraine !

C'est une obligation inappréciable que nous avons eue au Directoire. Mais le 18 fructidor ramena des lois sanguinaires ; et il fallut frémir de nouveau quand le décret des ôtages fit revivre, sous une autre dénomination, la terrible loi des suspects. De nouvelles listes de proscription furent envoyées jusques dans les provinces les plus éloignées ; mais il y eut moins de victimes que du temps de la convention : beaucoup de personnes parvinrent à se soustraire, parce que les agens subalternes ne mirent pas dans leurs recherches la même ardeur qu'auparavant.

Le Directoire commençoit à se trouver, relativement aux finances, dans l'embarras qui est la suite inévitable d'une mauvaise administration. La guerre nous obligeoit à avoir sur plusieurs points des armées très-dispendieuses, et on sentit la nécessité de songer sérieusement à obtenir la paix. Mais il falloit présenter aux puissances avec lesquelles on désiroit traiter, des hommes qui n'eussent pas encore prouvé qu'il étoit impossible de se fier à leur foi; et le gouvernement consulaire fut établi.

Les secours de la religion cessèrent alors de nous être entièrement refusés. Nous pûmes montrer de la piété, sans être accusées de rebellion. Nous ne descendîmes plus mystérieusement dans les catacombes, comme aux premiers siècles de l'église, pour y puiser le courage de supporter nos malheurs; et pour implorer avec les martyrs de la foi, la miséricorde de Dieu sur la France. Les églises furent ouvertes! Mais cette joie fut bientôt empoisonnée, les ministres du Seigneur n'obtinrent la liberté de nous instruire et de nous consoler, qu'à condition que l'éloge du chef du gouvernement trouveroit place dans les discours évangéliques. Ainsi nous ne pouvions nous dissimuler que la vérité était toujours captive, puisqu'il falloit, pour oser se montrer, qu'elle parût revêtue de livrées des la flatterie.

Ces éloges, commandés impérieusement dans nos temples saints, étoient mendiés bassement et sans pudeur dans toutes les réunions littéraires ou savantes, dans les tribunaux, dans les corps qui étoient censés représenter la nation, et même individuellement auprès de quiconque savoit tenir la plume.

Nous nous demandions : Où veut donc arriver ce Buonaparte si hautement vanté, si unanimement loué, si bassement adulé ? N'aspire-t-il point à la gloire de rendre le bonheur à la France ? Ne fera-t-il pas pour nous ce que le général Monck a fait pour les Anglais ? Tandis que nous nous occupions de ces pensées, la fin tragique d'un de nos princes nous fit connoître que nous prêtions au Premier Consul des intentions trop nobles.

Après avoir offert aux révolutionnaires cet affreux sacrifice, pour les rassurer peut-être sur les espérances que nous avions conçues ; après avoir cimenté, avec un sang si noble, l'horrible alliance qui l'unissoit pour jamais aux régicides et à leurs complices, Buonaparte ne craignit plus de montrer ouvertement qu'il prétendoit au pouvoir suprême, et ses amis demandèrent pour lui, au Tribunat, la couronne impériale.

Est-il possible, disions-nous, que le général

Buonaparte parvienne à se mettre sur la tête la couronne de France ? Les Français consentiront-ils à subir le joug d'un homme tout nouveau, d'un étranger sorti d'une nation qui a toujours été peu considérée, et d'une famille non-seulement obscure, mais avilie ? L'éclat de ses succès en Italie n'est-il pas effacé par la honte de sa fuite d'Egypte ? Nos modernes Brutus ne craindront-ils pas de dévoiler, aux yeux de la Nation et de l'Europe, le but secret de leur prétendu patriotisme, en portant sur le trône cet indigne Monarque ? Les généraux républicains qui ont été ou les égaux, ou les chefs de Buonaparte, consentiront-ils à le laisser monter à un degré d'élévation qui laisseroit entr'eux et lui une si énorme distance ?

Tant que les amis de Buonaparte, disions-nous encore, insisteront sur la nécessité de concentrer l'autorité, les Tribuns du Peuple français pourront les écouter avec attention. On reconnaît généralement aujourd'hui que la grande machine de l'Etat a besoin d'un pivot auquel tout le rouage vienne se rattacher : mais convenir qu'il nous faut un souverain, ce n'est pas déclarer que Buonaparte doit régner sur nous. La France n'est pas une monarchie élective ; aucun Français ne doit désirer qu'elle le devienne. Les malheurs de la Pologne sont trop récens pour que nous ne soyions pas effrayées des périls auxquels on est exposé sous cette espèce de gouvernement.

Pour avoir un systême d'hérédité solidement établi, il ne suffit pas de le vouloir, et de décréter que telle maison régnera, de père en fils, à perpétuité. Les hommes ont toujours inutilement écrit cette loi sur le marbre et sur l'airain ; il faut qu'à force de travailler pendant des siècles, la main du temps, toujours lente, la grave profondément dans la partie la plus intime de nos cœurs. Jusques-là l'Etat qui change de dynastie est toujours exposé à des secousses qui, pour l'ordinaire, l'entraînent à son entière destruction.

Nous ajoutions : Il est impossible que, dans ce grand nombre de Tribuns, il n'y ait pas des hommes éclairés, des hommes dévoués à leur pays, qui jugent la position où nous sommes, et les conséquences de ce qu'on projette. Pourquoi ne saisiroient-ils pas cette occasion de nous faire entendre enfin le langage de la vérité ? Lorsque, dans cette assemblée, on aura reconnu la nécessité de remettre les rênes de l'Etat entre les mains d'un Souverain, on verra de véritables Français se lever avec le courage qu'inspire la vertu. Ils prononceront le nom chéri de Henri IV, le nom glorieux de Louis XIV, le nom révéré de Louis XVI, celui de Louis XVIII. Ils inviteront leurs collègues à tomber aux pieds de ce Prince, et ils se feront gloire de montrer à tout l'univers que les crimes commis dans la France ne sont pas les crimes de la Nation. Ils sentiront que quand

une Nation généreuse a eu le malheur de.tomber
dans un grand égarement, il faut, pour se réconci-
lier avec elle-même, et pour reconquérir l'es-
time des autres peuples, qu'elle confesse son erreur avec une noble sincérité, et qu'elle publie à
haute voix son repentir.

C'est ici, Messieurs les Députés, que nous ré-
clamons le plus particulièrement votre indul-
gence. Nous devrions chercher à nous montrer
à vos yeux avec un esprit plus ferme, une
imagination moins susceptible de se nourrir
de vaines espérances, une connoissance plus approfondie des hommes et des choses; mais quand,
après vingt-six ans passés dans les plus amères dou-
leurs, nous nous permettons de rompre le silence
pour vous exposer tout ce que nous avons souffert,
ne trouvez pas mauvais que nous laissions parler
nos cœurs librement, sans réserve et avec naï-
veté.

La séance où le Tribunat devait nous donner
un souverain, prit à nos yeux un caractère de la
plus haute importance, et nous voulûmes y as-
sister.

L'ami de Buonaparte monta à la tribune, et
nous fit entendre un discours étrange, dans lequel il nous répéta plusieurs fois, avec une assu-
rance incroyable, qu'un changement de dynastie
n'étoit qu'un événement vulgaire. Lorsqu'il eut
cessé de parler, les Tribuns se levèrent précipi-

tamment et s'élancèrent en foule vers le bureau pour demander la parole. Le soin de les inscrire consuma une grande partie du temps destiné à la séance. Après que ce travail fut terminé, le président déclara que la totalité des honorables membres, un seul excepté, demandoit à parler en faveur de la motion ; et comme il ne restoit plus assez de temps pour entendre un si grand nombre d'orateurs, la séance fut remise au lendemain.

Le Tribun qui parla contre la motion demeura ferme républicain, en dépit de ce que l'expérience auroit dû lui apprendre, en dépit de tous les maux que la république nous avoit fait souffrir. Les autres rivalisèrent à qui se prosterneroit plus bas et plus honteusement devant la nouvelle idole. Nous nous regardions avec étonnement, Messieurs les Députés ; et, dans notre indignation, nous disions : Ces hommes ne sont-ils pas les mêmes que nous avons entendu avec effroi crier si souvent : *la liberté ou la mort !* N'ont-ils pas juré solennellement *haine à la royauté ?* Leur repentir, leur retour vers leur bon Roi, pouvoit seul les absoudre ! Ils ne sont ni Français, ni républicains ! L'amour de la liberté n'étoit qu'un masque dont ils se couvroient ! Ils l'ont jeté, et nous laissent voir aujourd'hui une troupe d'esclaves qui redoutent leurs maîtres, et qui tendent lâchement les bras au premier venu qui leur offre des fers ! Voilà les mandataires du Peuple français ! Voilà les dépositaires de nos intérêts les plus chers ! Ils ne rougissent point d'abuser ainsi du pouvoir qui leur est confié ! Ils oseront encore se montrer ! Il n'y a donc plus ni honte, ni pudeur !

Bientôt la France se couvrit d'hommes décorés, de chevaliers, de barons, de comtes, de ducs, de princes ! Chacun vit alors clairement par quel motif les Républicains avaient détruit les décorations et les titres ; et pourquoi ils avaient poursuivi avec tant de rigueur ceux qui avaient eu l'honneur d'en être revêtus, sous le règne de nos Rois.

Du moment que Buonaparte a été assis sur le trône, il n'a dû avoir qu'une pensée, celle d'affermir la couronne sur sa tête. C'est vers ce but unique que tous ses pas ont dû constamment se diriger. Mais les révolutionnaires s'étaient attachés au corps de l'Etat, comme on voit s'attacher au corps humain certaine plaie à laquelle on est obligé de fournir chaque jour une nouvelle nourriture, afin de ralentir un peu la rapidité de ses progrès, et d'en atténuer l'extrême malignité.

Buonaparte comprit que pour se mettre à l'abri des entreprises de cette horde, composée d'hommes séditieux et avides, il fallait qu'il se procurât les moyens de faire, à leur insatiable cupidité, de fréquentes et de riches offrandes.

Il était bien loin d'avoir à sa disposition des trésors comparables à ceux de la République.

Celle-ci avait fait dévorer à la plaie de la France tous les biens des émigrés ; tous ceux du clergé, qui possédait un tiers des biens du royaume ; et pour quarante-cinq ou cinquante milliards de papier-monnaie. Le commerce ne procurait pas de grandes richesses au nouveau souverain, car les négocians prétendaient que la balance commerciale était, contre nous, de huit à dix millions tous les ans. L'argent sortait encore de France par une autre voie : la prudence et la prévoyance des révolutionnaires portaient les plus riches d'entr'eux à placer une partie de la fortune qu'ils s'étaient procurée dans les *banques* étrangères.

Il ne restait, à Buonaparte, d'autre ressource que d'aller dépouiller nos voisins. Rome, Amsterdam, Vienne, Lisbonne, Berlin, Madrid, ont vu tour-à-tour nos armées se précipiter dans leurs murs comme des torrens. Toute l'Europe a tremblé, et plusieurs nations ont été forcées de concourir à nos triomphes. C'est ainsi que les Portugais, après avoir traversé des contrées immenses ont pénétré jusques aux bords de la Moskowa pour y combattre les Kamchadales. Quel intérêt, des nations si éloignées, pouvaient-elles avoir à démêler ? Il fallait savoir si le fils d'un pauvre habitant d'Ajaccio se saisirait de tous les trésors réunis dans l'antique capitale des Czars, et s'il pourrait, à ce prix, retenir dans ses fers les révoltés de France !

Nous marchions dans nos expéditions comme

Attila, comme Tamerlan, avec des armées in-
nombrables. Pour les compléter, il fallut des
enrôlemens forcés, et nos enfans n'eurent plus
la liberté de se livrer à d'autre profession que
celle des armes. Le chef qui les conduisait n'était
point économe de leur sang : chaque campagne
enlevait un grand nombre d'officiers dont la mort
procurait à ceux qui survivaient un avancement
rapide. On montait de grade en grade avec une
vîtesse merveilleuse! Nos jeunes guerriers repa-
raissaient quelquefois un instant au milieu de nous,
ils se présentaient avec de nouveaux titres, des
décorations, de l'argent; enfin avec tout ce qui
peut plaire à la vanité, flatter l'orgueil et enflam-
mer la cupidité.

Tous les Français ne se laissaient pas éblouir par
nos succès. Nous avons entendu des hommes sages
nous dire : « Un gouvernement livré au despo-
» tisme et au brigandage ne résiste jamais à des re-
» vers. Un seul échec suffit pour tout renverser en
» France ; et il est impossible de mesurer la pro-
» fondeur de l'abîme où nos victoires doivent
» enfin nous faire tomber. »

Le moment de la catastrophe arrriva. Paris,
à son tour, fut obligé d'ouvrir ses portes, et
de se laisser inonder par toutes les nations que
nous avions offensées ! Nous n'essaierons pas,
Messieurs les Députés, de vous peindre notre
effroi. Le Ciel vint à notre secours. Touché

peut-être par nos prières, par nos larmes, par nos longues infortunes, il daigna nous inspirer. Au lieu d'attendre en tremblant, dans nos maisons, les arrêts qu'on devait prononcer contre notre patrie, nous nous armons de courage, nous sortons, nous nous précipitons au-devant de nos vainqueurs ! Nous sentons qu'il est essentiel de leur faire promptement connaître que Paris n'est pas entièrement rempli de rebelles. Dans ce terrible instant, le premier cri de vive le Roi qui s'élança de notre cœur n'était pas un cri de joie, c'était un cri de détresse. Nous invoquions le nom du Roi comme on invoque le nom de Dieu dans les dangers où la prudence humaine ne peut plus rien !

A ce nom justement révéré, nos ennemis posèrent les armes ; ils parurent oublier les désastres qu'ils avaient éprouvés, pour ne plus s'occuper que de nos malheurs. Le Roi revint, et pendant dix mois nous avons joui d'un bonheur auquel nous n'osions presque plus prétendre. Nous ne savions comment exprimer notre joie : tous nos rubans blancs devinrent des cocardes blanches, et remplacèrent sur les chapeaux de nos parens les couleurs qui nous rappelaient ce que nous avions souffert. La fleur chérie des bons Français couronna nos fronts et ceux de nos jeunes enfans; elle fut brodée avec profusion sur leurs vêtemens

et sur les nôtres ; nous en décorâmes nos maisons ;
nous en parâmes nos jardins !

Déjà, par les effets de l'excellente administration du Roi, tous les paiemens se faisaient au
Trésor royal avec la plus grande exactitude. Les
rentes sur l'Etat avaient repris de la faveur, et elles
étaient montées à un taux considérable. Le commerce commençait à déployer de l'activité, et
chaque jour ajoutait quelque chose à la prospérité
publique : lorsque tout-à-coup nous avons vu
éclater la révolte la plus étonnante et la moins
motivée dont l'histoire fasse mention. C'est un
ouragan qui a tout renversé ; il a jeté la France
dans un désordre, dans une confusion horrible ;
il en a fait un véritable cahos. Le lys y fleurit
encore ; mais il est environné de tant de ronces
et de tant d'épines qu'il en sera étouffé si l'on ne
se hâte de voler à son secours !

Nous ne pouvons plus nous faire illusion, Messieurs ; nous sommes obligées de reconnaître qu'il
y a beaucoup de personnes en France qui repous-
sent l'autorité de nos Princes. Que fera le Roi ?
Comment gagnera-t-il ces ames vénales, ces hommes qui ne calculent, dans les éloges ou les
reproches qu'ils prodiguent à un gouvernement,
que le plus ou le moins d'argent qu'ils peuvent en
obtenir ? Quel parti prendrez-vous vous-mêmes,
Messieurs les Députés, pour contenir cette foule
d'esclaves qui veulent bien recevoir les chaînes les

plus lourdes, pourvu qu'elles soient d'or? Le Roi n'est pas assez riche pour les satisfaire. Vous accableriez d'impôts le cultivateur et l'homme industrieux, et vous leur distribueriez tout le revenu de la France, que vous ne les empêcheriez pas de regretter les milliards de la Convention.

Nos guerriers, sur qui doit reposer la tranquillité de la France, sont devenus pour nous un sujet de douleur, et même, il faut le dire, un sujet d'inquiétude ; les jeunes gens ont vu leurs anciens franchir toute la carrière militaire, avec une rapidité sans exemple, et ils ont conçu des espérances sans bornes. Le gouvernement du Roi ne flatte pas leur ambition. Le Roi ne se décidera jamais à faire périr des armées entières, dans les sables brûlans de l'Afrique, ou dans les déserts glacés du Nord, pour procurer de l'avancement au petit nombre de ceux qui survivront à de si grands désastres. Il faudra donc vieillir dans les grades subalternes !

Oh, quel chagrin cruel nous cause l'esprit qui domine aujourd'hui une partie des militaires ! Le gouvernement qu'ils regrettent leur enlevoit tous les ans un tiers de leurs camarades. Ce n'est qu'en marchant sur les corps de leurs amis, amoncelés, comme des montagnes, qu'ils parvenoient à s'élever. Cette pensée est horrible ; et cependant il semble qu'elle ne fait aucune impression sur leurs cœurs ! On cesse donc d'être homme, dès qu'on met le sabre à la main ! toute humanité disparoît à présent quand on fait la guerre ! On ose avouer des sentimens qu'on devroit s'efforcer de cacher ! On ne craint pas de nous faire frémir, on brave notre indignation, en nous tenant, sur la crainte de ne pas avancer, des discours qui nous paroissent atroces ! Ne seroit-il pas possible, Messieurs les Députés, de faire comprendre à nos jeunes militaires qu'avant d'être soldats, ils sont hommes et citoyens ?

Puisque nous nous permettons de parler de l'armée, nous déposerons dans votre sein une autre affliction qu'elle nous cause. Quand nos frères et nos fils expriment la volonté ou le désir d'embrasser la profession des armes, nous frémissons. A peine sont-ils revêtus de l'habit militaire qu'ils ne peuvent plus observer le moindre des préceptes de la religion. Il faut qu'ils étouffent, dans leurs cœurs, tous les principes religieux que leurs familles se sont efforcées de leur inculquer. A l'époque de la vie où les passions commandent avec le plus d'empire, jamais aucune instruction ne les fait rentrer en eux-mêmes : jamais aucune voix ne les rappelle à la vertu. Plus malheureux que ces nations que nous traitons de barbares, que nous considérons comme livrées aux erreurs d'une religion absurde, et qui marchent à l'ennemi en criant *Allha ! Allha !* nos fils combattent sans

invoquer celui qui décide du succès des batailles.
Ils quittent la vie, sans entendre prononcer le
nom du Dieu qui les attend dans l'éternité !
Le respect pour son Dieu, l'amour pour son
Roi, la soumission pour ses parens, sont des
sentimens qui jaillissent tous de la même source :
on n'en détruit pas un, sans altérer les autres.
Les mères vous supplient, Messieurs les Députés,
de chercher par quels moyens, sans nuire à la
dignité de nos guerriers, sans trop gêner leur indé-
pendance, on pourroit les engager à se souvenir
qu'il y a un Dieu, et à s'humilier quelquefois
devant sa majesté suprême.

Si l'oubli de Dieu, dans les armées, nous in-
quiète, l'irréligion qui règne dans les campagnes
nous cause le plus grand effroi. Ceux qui ont tra-
vaillé à démoraliser les paysans sont bien coupables!
Les citoyens de cette classe, peu susceptibles par
leur état de recevoir une instruction approfondie,
étaient chrétiens par habitude : on en a fait des
philosophes, des politiques, des raisonneurs
d'une étrange sorte ! Vous arrivez des provinces,
Messieurs les Députés, et vous peindrez bien
mieux que nous ne pourrions le faire, les malheurs
que l'impiété produit dans les campagnes

Comment remédier à un si grand mal ? A quoi
servirait de raisonner avec la plupart des paysans ?
Il n'y a que l'exemple qui puisse les ramener. Il
faut que les hommes qu'ils sont obligés de respecter

à cause des places qu'ils occupent , soient choisis de manière à pouvoir servir de modèle au peuple.

Nous n'osons pas , Messieurs, insister davantage sur la religion : une pensée nous rend circonspectes : nous savons qu'en général on considère la piété dans les femmes, comme une foiblesse qui leur est naturelle , ou comme une qualité fort analogue à leur nature. Nous tenons, il est vrai, pour certain que la religion est le fondement le plus solide des royaumes, et que les Etats où elle est méprisée sont bien plus sujets aux discordes et aux révolutions que les autres. Nous sommes fières de pouvoir appuyer notre sentiment sur celui de Louis XVI. Voici les paroles qu'il a adressées à un magistrat vertueux, que la philosophie avait un peu égaré : « Sans la religion, » mon cher Malesherbes, point de bonheur pour » les sociétés ni pour les individus. La religion est » le plus ferme lien des hommes entr'eux : elle » empêche l'abus de la puissance et de la force : » elle protége le foible : elle console le malheu- » reux , et garantit dans l'ordre social l'observa- » tion des devoirs réciproques. Croyez-moi, il est » impossible de gouverner les hommes par les » principes de la philosophie. »

Il n'est pas étonnant que l'irréligion fasse des ennemis au Roi. Les Français qui pendant long-temps ont vécu sans Dieu , ou du moins sans culte extérieur , craignent d'être obligés de paraître chrétiens. Ils pensent que chez un peuple où l'exemple a tant de pouvoir, celui que donnent le Roi et sa famille, pourroit bien mettre un jour la piété en honneur ; et qu'il est possible que , dans quelques années , le peuple ait très-peu de considération pour ceux qui affecteront de ne rendre aucun hommage à la Divinité.

Il y a encore d'autres petites passions , qu'on ne s'avoue peut-être pas à soi-même , et qui ferment au Roi bien des cœurs ! Cependant ces hommes voilent sous d'autres apparences des sentimens qu'ils ne pourraient exprimer sans rougir. Ils nous disent : « Croyez-vous que nous ne » soyons pas aussi bons Français que vous l'êtes ? » Ne désirons-nous pas aussi vivement le bonheur » et la gloire de notre Patrie ? Nous ne différons » que sur les moyens d'arriver au même but. Vous » croyez que si nous n'avons pas la famille des » Bourbons , tout est perdu ! Nous pensons que » puisque la France a eu trois dynasties, elle peut » en avoir une quatrième. Vous ne disconviendrez » pas que depuis que les Anglais ont renvoyé les » Stuarts, l'Angleterre ne soit devenue beaucoup » plus florissante ! »

Nous savons, Messieurs, qu'il ne nous convient pas de montrer de l'érudition ; mais comment se résoudre à laisser de pareilles objections sans réponse ! Il ne nous a jamais été défendu d'ouvrir l'histoire de France ; et notre amour pour notre pays nous a portées à la lire avec toute l'attention dont nous sommes capables. Il nous semble que le couronnement de Hugues Capet a terminé, en 987, une révolution commencée en 576, après la mort de Chilpéric.

Frédégonde voulut alors faire reconnoître son fils, nouveau né, qui n'avoit pas encore reçu le baptême. Mais elle cacha long-temps le jeune Roi à tous les yeux, et ne voulut pas même le laisser voir à Gontran qui devoit être son parrain. S'il existoit réellement un fils de Chilpéric, pourquoi ne pas le montrer publiquement aussitôt après que le Roi eut été assassiné ? Frédégonde étoit trop habile pour s'exposer, sans des motifs importans, aux soupçons que ses lenteurs ne pouvoient manquer de faire naître ? Mais si cette ambitieuse princesse a eu recours à une horrible fraude, pour rester maîtresse de l'autorité sous le nom d'un enfant, ce crime explique l'acharnement des guerres qui ont eu lieu entr'elle et Brunehaut. On voit aussi pourquoi Gontran favorisait d'une manière si particulière son neveu Childebert, et pourquoi il le nomma son unique héritier sans tenir compte de Clotaire II, qu'il regardait, dit Mézerai, comme un enfant bâtard ou supposé.

. Frédégonde, pour assurer le succès de son entreprise, avoit besoin de se faire un parti puissant. Elle trouva des ambitieux qui consentirent à attacher leur fortune à la sienne, à condition qu'elle partageroit avec eux le prix de son crime. Ce fut ainsi que quelques maires du Palais obtinrent dans les provinces qu'ils gouvernoient, une autorité égale à celle des vice-Rois, et que la famille qui donna ensuite à la France Pepin et Charlemagne commença à jouer un rôle important. Bientôt cette famille lutta de pouvoir contre les descendans de ce Clotaire, dont la naissance, ainsi que nous venons de le voir, paraissait fort équivoque.

Les maires d'Austrasie devinrent Rois de France. Mais le génie étonnant de Charlemagne, son règne long et brillant, ses conquêtes immenses, le titre d'Empereur d'Occident qu'il obtint, rien ne put affermir sur le trône de France les Rois de la seconde race ; ils ne régnèrent qu'à force de faire aux grands des concessions et des sacrifices. La ville de Paris même leur échappa ! Dès ce moment l'autorité des descendans de Charlemagne ne fut plus reconnue par les Français, qu'autant que les seigneurs qui étaient maîtres de Paris voulurent bien y consentir. Le trône fut successivement occupé, pendant un siècle, tantôt par les Carlovingiens, et tantôt par les comtes de Paris; enfin la couronne se fixa pour toujours sur la tête de Hugues Capet.

Il serait à désirer, Messieurs, qu'une main habile fût invitée à fouiller dans les annales rebutantes des temps qui se sont écoulés depuis le commencement du règne de Clotaire II jusqu'à celui de Hugues Capet. Il faudrait qu'on nous fît bien connaître Frédégonde, cette paysanne picarde, ce chef-d'œuvre de beauté et de perfidie, qui, à force de crimes toujours heureux, détruisit entièrement la race de Clovis, maintint son pupille sur le trône, et qui, victorieuse et presque sexagénaire, mourut tranquillement dans son lit. Qu'on nous montre ensuite la France punie pendant quatre siècles d'avoir partagé les crimes de cette furie, ou de les avoir soufferts. On verrait ce royaume qui, sous ses premiers Rois, n'avait que le Roi pour seigneur; tomber insensiblement dans une servitude presque générale. Le trône, l'autel, les lois, la vérité, la morale, le sentiment des devoirs, tout se perd, tout se détruit, tout s'abîme dans les gouffres de l'anarchie; c'est un combat continuel où l'intérêt général est toujours vaincu par l'intérêt particulier; enfin l'ignorance la plus stupide vient mettre le comble aux malheurs de la Nation. Peut-être qu'après avoir bien observé ces événemens, terrible résultat des forfaits qui enlevèrent les fils de Clovis à la France, on n'osera plus nous répéter qu'un changement de dynastie est un événement vulgaire, une opération politique dont le succès est facile, et dont nous avons grand tort de tant redouter les suites.

Puisqu'il y a encore des personnes qui regrettent l'étendard bigarré dont l'idée se lie à celle de tant de crimes, et qui s'imaginent que Buonaparte pouvait établir une dynastie, il faut leur prouver évidemment qu'il n'y a aucune comparaison à faire entre les circonstances où nous venons de voir l'enfant d'Ajaccio disputer la couronne aux Bourbons, et celle où se trouvait la ville de Paris lorsqu'après quatre cents ans de troubles, de malheurs, de désastres, elle chercha un refuge dans les bras de son seigneur, et reconnut pour son Roi celui dont la famille s'était assise trois fois sur le trône de France, Hugues Capet enfin, aux ancêtres duquel les Français, depuis long-temps, étaient habitués à obéir.

Il y aurait, nous le croyons, des choses fort utiles à dire si, après avoir montré l'état où était la France lorsque Hugues Capet entreprit de la gouverner, on la voyait, dans ses mains et dans celles de ses descendans, se civiliser, s'enrichir, s'embellir, devenir enfin ce qu'elle était au moment où Louis XVI jugea nécessaire de convoquer les Etats-Généraux. Ce tableau, bien dessiné, nous ferait sentir combien nous sommes redevables à nos Princes. N'est-il pas admirable de voir, pendant huit siècles, une suite de Rois marcher toujours d'un pas ferme vers le même but, et porter, par l'effet seul de leur *bon plaisir,* la Nation au plus haut degré de gloire et de prospérité? Ils n'avaient point, pour les seconder, des constitutions ou des chartes; on dit même qu'il n'y avait point d'esprit public, c'est-à-dire point de patriotisme en France, ce qui nous paraît impossible. Quoi qu'il en soit, le Roi disait : tel est notre plaisir, et tout allait bien.

Si cette antique formule a été introduite parmi nous, c'est peut-être parce que la Nation a reconnu, à ne pouvoir en douter, que ses Rois trouvaient leur plus grand plaisir à faire le bonheur de leurs sujets. Quand nous considérons avec attention cette volonté toujours constante, toujours active dans nos Rois de porter la France au plus haut degré de prospérité et de gloire, nous sommes étonnées d'entendre des Français prononcer le nom de nos Princes avec d'autres sentimens que ceux de la reconnaissance, du respect et de l'amour.

Il y a actuellement vingt-six ans que la liberté nous répète que c'est par elle que nous devons être désormais gouvernées ; que le bon plaisir du Roi, c'est le *despotisme*, et qu'il n'y a rien de plus affreux pour des Français que d'être les esclaves d'un despote. Cela peut être, Messieurs les Députés ; mais depuis que la liberté a mis le pied en France, et qu'elle nous parle en maîtresse, la France est dans un état fort déplorable, et nous sommes bien malheureuses.

Nous voudrions aussi, pour réduire au silence ceux qui parlent de la maison des Stuarts, qu'on travaillât à une comparaison bien raisonnée entre la révolution qui a privé les Stuarts de la couronne d'Angleterre, et celle qui nous a privées momentanément de nos Princes.

On verrait un Prince écossais monter sur un trône où l'hérédité n'avait jamais été établie d'une manière bien précise; ce qui, de tout temps, avait occasionné en Angleterre des troubles plus ou moins violens. Charles Ier était d'une famille étrangère aux Anglais; il était né chez un peuple avec lequel les Anglais avaient eu à soutenir des guerres continuelles, et qu'ils haïssaient comme on hait son voisin quand c'est un ennemi. Ils ne pouvaient pas s'être fait encore une habitude d'obéir à la famille écossaise des Stuarts. Cependant, en faisant périr juridiquement Charles Ier, les Anglais confessent qu'ils ont commis un grand crime, parce que ce Prince, quoique né étranger à l'Angleterre, avait reçu leurs sermens.

Mais Louis XVI était le descendant d'une foule de Rois, qui ont été pour nous plus que des pères. Il était né d'un sang que nous étions habituées à adorer. C'est notre père que nous avons abreuvé de fiel, que nous avons immolé. Ah ! si le Ciel, au lieu d'orner, comme il l'a fait, les Princes ses frères de toutes les vertus, leur avait donné un caractère qui pût causer quelque inquiétude, il faudrait encore les recevoir avec vénération, par respect pour la mémoire du Roi, et pour montrer combien nous détestons l'attentat qui lui a arraché la vie !

Il nous semble, Messieurs, que si les Français qui ont pensé à une quatrième dynastie étoient bien instruits des conséquences qu'entraîneroit ce changement, il y en a beaucoup qui reviendroient avec sincérité au Roi. Est-il si pénible d'obéir à un Prince à qui on ne peut reprocher que d'étendre sa bonté paternelle sur les plus criminels de ses sujets ? Louis-le-Désiré a la vengeance en horreur; il la regarde comme l'indice d'une ame foible; il met sa gloire à pardonner; il croit que la clémence est la qualité distinctive des Souverains, qu'elle gagne les cœurs, et c'est un bonheur pour lui de l'exercer.

Que le Roi nous paroît admirable et grand lorsque, de toutes les parties de ses vastes États, les adresses lui arrivent en foule, après de si cruelles injures, non pas pour fléchir son juste courroux, non pas pour crier miséricorde, mais pour le supplier de faire justice !

Les Rois de ce caractère sont fort rares. Ils font ordinairement un usage bien différent de leur pouvoir. Le Roi semble nous dire : « Je suis à votre » tête pour vous servir de modèle; voyez en moi » ce qu'un Français doit être : religieux sans pe- » titesse, infatigable quand il faut travailler au » bonheur de mon peuple, vrai dans toutes mes

» paroles, fidèle à mes sermens, calme dans les
» dangers qui ne menacent que ma personne,
» craintif quand il faut répandre le sang d'un de
» mes sujets : je ne désespère jamais, quelque
» coupable qu'il soit, de voir un Français rentrer
» dans la ligne de ses devoirs ; je crois au repen-
» tir qu'il me témoigne, et je laisse à Dieu le
» soin de sonder les cœurs. Vous tous qui avez
» souffert avec moi, pardonnez comme moi :
» oublions le passé. Faisons perdre à la Nation
» l'habitude de voir couler le sang. Qu'elle ap-
» prenne, en voyant le prix que j'attache à la
» vie d'un révolté, ce que vaut l'existence d'un
» sujet fidèle ! Saluons enfin tous les Français, en
» leur disant : Paix aux hommes de bonne vo-
» lonté ! »

S'il existoit des âmes qui pussent résister à cet
excès de clémence, il faudroit qu'elles fussent
tombées dans un état de corruption qui ne lais-
serait plus aucune espérance ; et ce seroit à bien
juste titre qu'on les appelleroit les incurables.

Nous adorons la clémence du Roi sans nous
permettre d'examiner jusqu'à quel point la sûreté de l'Etat exigeroit qu'il y mît des bornes.
C'est une question qu'il n'est permis qu'à vous,
Messieurs les Députés, d'approfondir. Dépositaires
des vœux de la Nation, revêtus de tous les pou-
voirs qu'elle peut conférer, vous devez sans cesse
avoir l'œil ouvert sur ce qui nuiroit au rétablisse-

ment de l'ordre ; sur ce qui pourroit exposer le vaisseau de l'Etat à de nouvelles tempêtes. Pour nous, Messieurs, nous comptons parmi les bienfaits de la loi, qui nous exempte des fonctions publiques, le bonheur de pouvoir, sans que nos devoirs en souffrent, bannir de notre esprit tous les souvenirs qui nourriroient en nous des ressentimens particuliers ; permettre à nos cœurs une bienveillance et une pitié générales, et même, nous l'avouerons, pleurer sur le destin des plus coupables, lorsque le glaive de la justice est forcé de les atteindre.

Le malheur de la France est venu de ce que la représentation nationale a considéré les intérêts du Peuple français comme distincts et séparés de ceux du Roi. Nous n'avons pas à craindre que vous tombiez dans une erreur si dangereuse. Vous ne vous avancez pas vers le trône pour y porter une main sacrilége, et pour essayer de le faire chanceler de nouveau. Vous venez vous presser autour du Roi pour être les colonnes destinées à soutenir le noble et vaste édifice de la Monarchie, et pour lui rendre sa beauté, sa solidité, sa magnificence !

Il nous reste, Messieurs les Députés, un aveu à vous faire : c'est que nous prenons fort peu d'intérêt aux lois de détail qui n'intéressent point le rétablissement d'une bonne morale. Nous avons assez entendu discuter pour savoir qu'on peut perdre beaucoup de temps à parler pour et contre, sur le même objet, avec un avantage presqu'égal. Ce que nous regardons comme très-essentiel, c'est qu'on ne puisse point nous troubler dans l'intérieur de nos maisons; c'est que l'autorité ne dispose jamais arbitrairement de nos biens, ni des individus qui composent nos familles. La sûreté des personnes et des propriétés, voilà les deux bases sur lesquelles, à nos yeux, repose toute la législation. Ce que nous désirons par dessus tout, c'est que vous travailliez le cœur et l'esprit des Français; que vous les dirigiez vers le bien public; que vous leur fassiez comprendre que les causes qui opèrent le bonheur d'une Nation sont tellement liées que la félicité des particuliers ne peut jamais être séparée de la prospérité générale; que vous leur persuadiez enfin qu'il est impossible que les sociétés et les familles soient heureuses, si l'on ne parvient point à les unir étroitement par un lien respectable à tout le monde, celui de la Divinité.

F I N.

Imprimerie de J. MORONVAL, rue des Prêtres-Saint-Severin, n°. 4; et quai des Augustins.